www.ingramcontent.com/pod-product-compliance
Lightning Source LLC
Chambersburg PA
CBHW072219170526
45158CB00002BA/659
* 9 7 8 1 0 8 1 5 3 9 6 7 2 *